BEI GRIN MACHT SICH IHR WISSEN BEZAHLT

- Wir veröffentlichen Ihre Hausarbeit,
  Bachelor- und Masterarbeit

- Ihr eigenes eBook und Buch -
  weltweit in allen wichtigen Shops

- Verdienen Sie an jedem Verkauf

Jetzt bei www.GRIN.com hochladen und kostenlos publizieren

Bibliografische Information der Deutschen Nationalbibliothek:

Die Deutsche Bibliothek verzeichnet diese Publikation in der Deutschen National-
bibliografie; detaillierte bibliografische Daten sind im Internet über http://dnb.d-
nb.de/ abrufbar.

Impressum:

Copyright © 2018 GRIN Verlag
Druck und Bindung: Books on Demand GmbH, Norderstedt Germany
ISBN: 9783668924451

Dieses Buch bei GRIN:

https://www.grin.com/document/463301

Lukas Hübner

Koordination und Beweglichkeitstraining für einen 25-jährigen Mann

GRIN Verlag

GRIN - Your knowledge has value

Der GRIN Verlag publiziert seit 1998 wissenschaftliche Arbeiten von Studenten, Hochschullehrern und anderen Akademikern als eBook und gedrucktes Buch. Die Verlagswebsite www.grin.com ist die ideale Plattform zur Veröffentlichung von Hausarbeiten, Abschlussarbeiten, wissenschaftlichen Aufsätzen, Dissertationen und Fachbüchern.

Besuchen Sie uns im Internet:

http://www.grin.com/

http://www.facebook.com/grincom

http://www.twitter.com/grin_com

Deutsche Hochschule für
Prävention und Gesundheitsmanagement
Hermann Neuberger Sportschule 3
66123 Saarbrücken

Einsendeaufgabe

Fachmodul:	Trainingslehre III
Studiengang:	Sportökonomie
Datum Präsenzphase:	05.11. – 07.11.2018
Name, Vorname:	Hübner, Lukas
Studienort:	**Hamburg**
Semester:	**Wintersemester 2016**

Inhaltsverzeichnis

1   PERSONENDATEN 3

2   BEWEGLICHKEITSTESTUNG 4

3   TRAININGSPLANUNG BEWEGLICHKEITSTRAINING 6

3.1   Übungsauswahl 6

3.2   Begründung der Trainingsplanung hinsichtlich der Beweglichkeit 10

4   TRAININGSPLANUNG KOORDINATIONSTRAINING 10

4.1   Übungsauswahl 11

4.2   Begründung der Trainingsplanung hinsichtlich der Koordination 12

5   LITERATURRECHERCHE 14

6   LITERATURVERZEICHNIS 17

7   TABELLENVERZEICHNIS 18

1 Personendaten

Untenstehend, tabellarisch aufgelistet, sieht man die ausführliche Auswertung der Diagnose eines Kunden. Sie ist von essenziell, um in eine fundierte Beratung hinsichtlich der Trainingssteuerung überzugehen.

Tab. 1: Allgemeine und biometrische Daten des Kunden (eigene Darstellung)

Allgemeine Daten	Alter:	25 Jahre
	Geschlecht:	Männlich
	Berufliche Tätigkeit:	Student (BWL), überwiegend sitzender Alltag.
Biometrische Daten	Körpergröße:	1,78 m
	Körpergewicht:	88 kg
	Body-Mass-Index (BMI):	27,77
	Körperfettanteil:	29 %
Sportliche Aktivitäten	- seit etwa 7 Monaten regelmäßiges Krafttraining (4x wöchentlich) - Handball seit 8 Jahren im Amateurbereich als Hobby - 2 mal wöchentliches Handballtraining	
Zeitlicher Verfügungsrahmen	- 3 bis 4 mal pro Woche - maximal 60 Minuten pro Einheit	
Geäußerter Kundenwunsch	- gesteigerte Belastbarkeit im Sport durch höhere Stabilität - Stressabbau - Steigerung der Beweglichkeit - Verspannungen im Lendenbereich und Nacken lösen	
Sonstiges	- keine Einnahme von Medikamenten - keine internistischen Probleme, häufig muskuläre Verspannungen im Nacken und Lendenbereich - keine gesundheitlichen Einschränkungen - keine aktuelle ärztliche Behandlung, 12 Monate zurückliegende Außenbandruptur des rechten Sprunggelenkes	
Einschätzung hinsichtlich der Belastbarkeit des Kunden	Dem persönlichen Gespräch ist ein ärztlicher Test vorangegangen, welcher belegte, dass der Kunde keinerlei Kontraindikationen aufweist. Er ist in vollem Maße belastbar. Es herrscht jedoch noch eine Unsicherheit des Kunden aufgrund einer Außenbandruptur des rechten Sprunggelenkes.	

2   Beweglichkeitstestung

Um eine spezifische Trainingsplanung durchzuführen, welche sich positiv auf die Beweglichkeit des Kunden auswirkt, ist es von Nöten vorab eine Beweglichkeitstestung durchzuführen. Die hier diagnostizierten Defizite sind dann mit speziellen Übungen zu neutralisieren.

Die folgenden Testungen basieren auf dem Schema nach Janda (2000, S. 255-271).

Tab. 2: Manuelle Beweglichkeitstestung des M. pectoralis major (eigene Darstellung)

Testdurchführung	Der Proband befindet sich in Rückenlage auf der Behandlungsliege. Um das Becken und die Lendenwirbelsäule zu fixieren, werden die Beine angewinkelt auf der Liege abgestellt. Um ebenfalls den Thorax zu fixieren übt der Tester leichten Zug aus. Dieser Zug erfolgt mit Unterarm oder Hand, diagonal von der zu testenden Seite weg. Das Ellenbogengelenk der zu testenden Seite weist eine 90°-Beugung auf. Weiter ist im Schultergelenk der Testseite eine Abduktion und Außenrotation durchgeführt. Maßgebend für das Testergebnis ist der Winkel des Oberarmes zur Horizontalen.
Richt-/Normwerte (nach Janda, 2000, S. 271)	Stufe 0: Keine Beweglichkeitsdefizite; Oberarm erreicht die Horizontale; durch leichten Druck des Testers kann der Oberarm unter die Horizontale bewegt werden. Stufe 1: Leichte Beweglichkeitsdefizite; Oberarm erreicht die Horizontale nicht; durch leichten Druck des Testers kann der Oberarm bis zur Horizontale bewegt werden. Stufe 2: Deutliche Bewegungsdefizite; Oberarm erreicht die Horizontale auch durch Druck des Testers nicht.
Testergebnis	Links: Stufe 1 Rechts: Stufe 0
Bewertung	Die linke Körperhälfte weist ein leichtes Bewegungsdefizit in der Brustmuskulatur auf. Der Kunde äußerte, dass er beim Handball fast ausschließlich den rechten Arm zum Werfen nutzt. Dies könnte zur Folge haben, dass die linke Seite überwiegend nur in eingeschränkter Bewegungsamplitude genutzt wird. Aufgrund dieser eingeschränkten Bewegung des linken Armes könnte es zum leichten Defizit gekommen sein. Die rechte Seite zeigt kein Beweglichkeitsdefizit.

Tab. 3: Manuelle Beweglichkeitstestung des M. iliopsoas (eigene Darstellung)

Testdurchführung	Der Proband befindet sich in Rückenlage auf der Behandlungsliege, sodass das Gesäß mit der Liege abschließt. Das eine Bein wird zur Entlordosierung so weit wie möglich vom Probanden an den Körper gezogen, das andere Bein hängt frei in der Luft. Das Becken sowie die Lendenwirbelsäule halten stets einen festen Kontakt zur Liege. Der Tester kann nun eine Flexion der Hüfte des freien Beins beobachten. Maßgebend ist nun das Verhältnis des frei schwebenden Beines zur Körperlängsachse.
Richt-/Normwerte (nach Janda, 2000, S. 259)	Stufe 0: Keine Beweglichkeitsdefizite; Oberschenkel erreicht die Horizontale; durch leichten Druck des Testers kann Oberschenkel unter Horizontale bewegt werden. Stufe 1: Leichte Beweglichkeitsdefizite; leichte Hüftbeugestellung; durch leichten Druck des Testers kann der Oberschenkel bis zur Horizontale bewegt werden. Stufe 2: Deutliche Bewegungsdefizite; Oberschenkel erreicht Horizontale auch durch Druck des Testers nicht.
Testergebnis	Links: Stufe 0 Rechts: Stufe 0
Bewertung	Der Kunde weist keinerlei Beweglichkeitsdefizite in der Hüftbeugemuskulatur auf.

Tab. 4: Manuelle Beweglichkeitstestung des M. rectus femoris (eigene Darstellung)

Testdurchführung	Der Proband befindet sich in Rückenlage auf der Behandlungsliege, sodass das Gesäß mit der Liege abschließt. Das eine Bein wird zur Entlordosierung so weit wie möglich vom Probanden an den Körper gezogen, das andere Bein hängt frei in der Luft. Das Becken sowie die Lendenwirbelsäule halten stets einen festen Kontakt zur Liege. Der Tester fixiert nun das frei hängende Bein in einer maximalen Hüftexten-sion und vollzieht anschließend eine größtmögliche Beugung des Kniegelenkes. Ausschlaggebend für das Testergebnis ist der Kniebeugewinkel.
Richt-/Normwerte (nach Janda, 2000, S. 259)	Stufe 0: Keine Beweglichkeitsdefizite; Unterschenkel hängt senkrecht herab; durch leichten Druck des Testers ist es möglich die Kniebeugung zu vergrößern. Stufe 1: Leichte Bewegungsdefizite; Unterschenkel ist leicht nach vorne gestreckt; durch leichten Druck des Testers ist es möglich einen 90° Kniebeugewinkel zu erreichen. Stufe 2: Deutliche Bewegungsdefizite; Unterschenkel ist deutlich nach vorne gestreckt; auch durch Druck des Testers wird ein 90° Kniebeugewinkel nicht erreicht.
Testergebnis	Links: Stufe 0 Rechts: Stufe 0
Bewertung	Der Proband weist keinerlei Beweglichkeitsdefizite in der Kniestreckmuskulatur auf.

Tab. 5: Manuelle Beweglichkeitstestung der Mm. ischiocrurales (eigene Darstellung)

Testdurchführung	Der Proband befindet sich in Rückenlage auf der Behandlungsliege. Das nicht zu testende Bein wird angewinkelt auf der Liege abgestellt um eine Fixierung des Be-ckens und der Lendenwirbelsäule zu gewährleisten. Das zu testende Bein wird vom Übungsleiter nun gestreckt in eine maximale Hüftflexion gebracht. Auf die Patella wird keinerlei Druck ausgeübt. Maßstab ist nun der Winkel zwischen der Beinachse und der Longitudinalachse.
Richt-/Normwerte (nach Janda, 2000, S. 262)	Stufe 0: Keine Beweglichkeitsdefizite; die Flexion im Hüftgelenk ist im Ausmaß von 90° möglich. Stufe 1: Leichte Beweglichkeitsdefizite; die Flexion im Hüftgelenk ist bis zwischen 80-90° möglich. Stufe 2: Deutliche Beweglichkeitsdefizite; die Flexion im Hüftgelenk ist nur unter 80° möglich.
Testergebnis	Links: Stufe 1 Rechts: Stufe 1
Bewertung	Beide Seiten weisen beim Kunden leichte Beweglichkeitsdefizite in der Kniebeuge-muskulatur auf. Das eintönige Training des Probanden, sowie der überwiegend sit-zende Alltag können ausschlaggebend für dieses Defizit sein.

Tab. 6: Manuelle Beweglichkeitstestung der Mm. triceps surae (eigene Darstellung)

Testdurchführung	Der Proband befindet sich in Rückenlage auf der Behandlungsliege. Das nicht zu testende Bein wird angewinkelt auf der Liege abgestellt um eine Fixierung des Be-ckens und der Lendenwirbelsäule zu gewährleisten. Das Bein der zu testenden Seite ist gestreckt und ragt mit der distalen Hälfte des Unterschenkels übe die Be-handlungsliege hinaus. Der Tester greift nun mit der einen Hand distal am Fersen-bein und mit der anderen Hand an der Außenkannte des Fußes. Der Daumen übt Druck am äußeren Rand des Vorfußes in Richtung des Schienbeins aus. Für die größtmögliche Dorsalextension wird der Druck leicht und achsengerecht ausgeübt. Die zweite Hand übt zeitgleich einen Zug in distaler Richtung an der Ferse aus. Der Grad der Dorsalextension ist für das Ergebnis ausschlaggebend. Merke: Zur isolierten Testung des M. soleus beugt der Tester das Bein der geprüften Seite bei einer maximalen Dorsalextension.
Richt-/Normwerte (nach Janda, 2000, S. 255)	Stufe 0: Keine Beweglichkeitsdefizite; eine Dorsalextension ist mindestens bis zur 0°-Stellung möglich (90° zwischen Fuß und Unterschenkel). Stufe 1: Leichte Beweglichkeitsdefizite; die 0°-Stellung wird nicht erreicht; eine Dorsalextension ist aber möglich. Stufe 2: Deutliche Beweglichkeitsdefizite; eine Dorsalextension ist nur bis 10° unterhalb der 0°-Stellung möglich.
Testergebnis	Links: Stufe 0 Rechts: Stufe 0
Bewertung	Der Proband weist keinerlei Bewegungsdefizite im Schollenmuskel und Zwillings-wadenmuskel auf.

3 Trainingsplanung Beweglichkeitstraining

Matin et al. (1993, S. 214) definieren Beweglichkeit als „die Fähigkeit, Bewegungen willkürlich und gezielt mit der erforderlichen bzw. optimalen Schwingungsreichweite der beteiligten Gelenke ausführen zu können". Um diese Fähigkeit zu bewahren, ist es ratsam ein regelmäßiges Beweglichkeitstraining durchzuführen.

3.1 Übungsauswahl

In der vorangegangenen Beweglichkeitstestung konnten wenige Defizite hinsichtlich der maximalen Bewegungsreichreite festgestellt werden. Diese mangelnden Bewegungsamplituden gilt es mit speziellen Dehnübungen zu eliminieren.

Die nachfolgenden Tabellen zeigen ein Dehnprogramm, welches zehn Übungen umfasst.

Tab. 7: Dehnung der Brustmuskulatur (eigene Darstellung)

Bereich	Dehnung der Brustmuskulatur
Ausführung	Der Proband befindet sich in einem aufrechten Stand, die Ellenbogen sind in etwa auf Schulterhöhe. Das Ellenbogengelenk ist leicht gebeugt und die Handinnenflächen zeigen zur Decke. Nun werden die Arme mit Hilfe der Rückenmuskulatur weitmöglich nach hinten gezogen. Die Dehnung der Brustmuskulatur wird bis zur submaximalen Schmerzgrenze ausgeführt und wieder gelöst. Dieser Vorgang wird mehrmals in moderatem Tempo wiederholt.
Primäre Muskulatur	M. pectoralis major M. pectoralis minor M. deltoideus pars clavicularis
Dehnmethode	Dehnform: Aktiv Arbeitsweise: Dynamisch
Häufigkeit (pro Woche)	4x (nach jedem Krafttraining)
Sätze	4
Wiederholungen pro Satz	45 Sekunden dynamische Ausführung
Intensität	Submaximale Schmerzgrenze

Tab. 8: Dehnung der Nackenmuskulatur (eigene Darstellung)

Bereich	Dehnung der Nackenmuskulatur
Ausführung	Die Person nimmt einen aufrechten Stand ein. Eine Hand greift über den Kopf und zieht diesen zur kontralateralen Seite. Der Blick ist nach vorn gerichtet. Die zur Kopfneigung gegenüberliegende Schulter wird aktiv durch Anspannung der benötigten Muskulatur nach unten gezogen. Die maximale Dehnung der Nackenmuskulatur wird 45 Sekunden gehalten und anschließend wieder gelöst.
Primäre Muskulatur	M. trapezius pars descendes
Dehnmethode	Dehnform: Aktiv (im Schultergelenk) Passiv (in der Halswirbelsäule) Arbeitsweise: Statisch
Häufigkeit (pro Woche)	4x (nach jedem Krafttraining)
Sätze	4
Wiederholungen pro Satz	45 Sekunden pro Satz
Intensität	Submaximale Schmerzgrenze

Tab. 9: Dehnung der Schulterblattfixatoren (eigene Darstellung)

Bereich	Dehnung der Schulterblattfixatoren
Ausführung	Die Person nimmt einen aufrechten Stand ein. Die Arme befinden gestreckt vor dem Körper auf Schulterhöhe und die Hände sind locker zusammengelegt. Aus dieser Grundhaltung werden nun die Schulterblätter maximal weit nach vorn gezogen. Diese Dehnung wird nun 45 Sekunden gehalten. Anschließend wird die Spannung wieder gelöst. Drauf zu achten ist, dass die Schultern während der Dehnung gesenkt bleiben und der Kopf ist leicht nach vorn geneigt.
Primäre Muskulatur	M. trapezius Mm. rhomboidei
Dehnmethode	Dehnform: Aktiv Arbeitsweise: Statisch
Häufigkeit (pro Woche)	4x (nach jedem Krafttraining)
Sätze	4
Wiederholungen pro Satz	45 Sekunden pro Satz
Intensität	Submaximale Schmerzgrenze

Tab. 10: Dehnung der rückseitigen Oberarmmuskulatur (eigene Darstellung)

Bereich	Dehnung der rückseitigen Oberarmmuskulatur
Ausführung	Ausgangsposition ist ein aufrechter Stand. Der zu dehnende Arm befindet sich seitlich neben dem Kopf, der Ellenbogen zeigt Richtung Decke und das Ellenbogengelenkt befindet sich in einer maximalen Beuge. Die zweite Hand greift nun am Ellenbogen des zu dehnenden Armes und zieht diesen in Richtung der Körpermitte. Der Blick ist während der gesamten Übung nach vorn gerichtet. Diese Dehnung wird 45 Sekunden gehalten und anschließend gelöst.
Primäre Muskulatur	M. triceps brachii
Dehnmethode	Dehnform: Passiv Arbeitsweise: Statisch
Häufigkeit (pro Woche)	4x (nach jedem Krafttraining)
Sätze	4
Wiederholungen pro Satz	45 Sekunden pro Satz
Intensität	Submaximale Schmerzgrenze

Tab. 11: Dehnung der geraden Bauchmuskulatur (eigene Darstellung)

Bereich	Dehnung der geraden Bauchmuskulatur
Ausführung	Die Übung wird in Rückenlage auf dem Boden ausgeführt. Unter der Lendenwirbelsäule liegt eine Rolle (alternativ: fest zusammengerolltes Handtuch), dass ein leichtes Hohlkreuz vorliegt. Die Beine stehen angewinkelt am Fußboden, das Becken befindet in der Luft. In dieser Position wird nun die Bauchmuskulatur maximal angespannt, ohne das Becken und die Lendenwirbelsäule zu bewegen. Die maximale Anspannung wird rund acht Sekunden gehalten. Im Anschluss findet eine weitere Dehnung statt, indem der Proband das Becken weiter in Richtung Boden senkt und die Lendenwirbelsäule weiter krümmt. Diese gewachsene Dehnung wird 10-20 Sekunden gehalten. Nun folgt eine erneute maximale isometrische Kontraktion der geraden Bauchmuskulatur rund acht Sekunden. Auf diese Phase folgt die weiter wachsende Dehnung, welche 10-20 Sekunden gehalten wird. Dieser Wechsel wird wiederholt bis eine Gesamtdauer von ca. 60 Sekunden erreicht ist. Nun folgt eine Satzpause.
Primäre Muskulatur	M. rectus abdominis M. intercostalis externus M. intercostalis internus M. obliquus externus abdominis M. obliquus internus abdominis M. transversus abdominis
Dehnmethode	Dehnform: Aktiv Arbeitsweise: Postisometrisch
Häufigkeit (pro Woche)	4x (nach jedem Krafttraining)
Sätze	4
Wiederholungen pro Satz	2-3 Durchgänge (1x Anspannung mit folgender Dehnung gilt als 1 Durchgang) pro Satz
Intensität	Submaximale Schmerzgrenze

Tab. 12: Dehnung der Rückenstrecker (eigene Darstellung)

Bereich	Dehnung der Rückenstrecker
Ausführung	Der Kunde befindet sich in einem Vierfüßlerstand. Um eine aktive Dehnung durchzuführen wird nun mittels einer Anspannung der Bauchmuskulatur die Wirbelsäule maximal weit in Richtung Decke gewölbt. Anschließend wird die Anspannung gelöst und der Vorgang in moderatem Tempo wiederholt um eine dynamische Dehnung vorzunehmen. Diese dynamische Dehnung erstreckt sich über einen zeitlichen Rahmen von 45 Sekunden pro Satz.
Primäre Muskulatur	Mm. erector spinae
Dehnmethode	Dehnform: Aktiv Arbeitsweise: Dynamisch
Häufigkeit (pro Woche)	4x (nach jedem Krafttraining)
Sätze	4
Wiederholungen pro Satz	45 Sekunden pro Satz
Intensität	Submaximale Schmerzgrenze

Tab. 13: Dehnung der vorderseitigen Oberschenkelmuskulatur (eigene Darstellung)

Bereich	Dehnung der vorderseitigen Oberschenkelmuskulatur
Ausführung	Der Proband nimmt einen aufrechten Stand ein. Ein Bein wird kurz oberhalb des Sprunggelenks von der Hand gegriffen. Die Ferse befindet sich etwa auf Höhe des Gesäßes. Das Standbein ist leicht gebeugt. Nun wird das Becken leicht gekippt und die Ferse so weit wie möglich an das Gesäß gezogen. Beide Oberschenkel bleiben stets parallel zueinander. Die maximale Dehnung wird nun 45 Sekunden gehalten. Anschließend wird die Spannung gelöst und der Fuß wieder am Boden abgestellt.
Primäre Muskulatur	M. quadriceps femoris
Dehnmethode	Dehnform: Passiv (im Kniegelenk) Aktiv (im Hüftgelenk) Arbeitsweise: Statisch
Häufigkeit (pro Woche)	4x (nach jedem Krafttraining)
Sätze	4
Wiederholungen pro Satz	45 Sekunden pro Satz
Intensität	Submaximale Schmerzgrenze

Tab. 14: Dehnung der rückseitigen Oberschenkelmuskulatur (eigene Darstellung)

Bereich	Dehnung der rückseitigen Oberschenkelmuskulatur
Ausführung	Der Proband befindet sich in Rückenlage auf dem Fußboden. Ein Bein steht angewinkelt am Boden, die Hände greifen das andere Bein am Oberschenkel. Das Bein wird maximal weit an den Körper herangezogen. Während des gesamten Zugs wird stets eine maximale, aktive Streckung im Kniegelenk gehalten. In einer maximalen Dehnung wird diese Position nun für 45 Sekunden gehalten und anschließend gelöst.
Primäre Muskulatur	M. biceps femoris M. semimembranosus M. semitendinosus
Dehnmethode	Dehnform: Passiv (im Hüftgelenk) Aktiv (im Kniegelenk) Arbeitsweise: Statisch
Häufigkeit (pro Woche)	4x (nach jedem Krafttraining)
Sätze	4
Wiederholungen pro Satz	45 Sekunden pro Satz halten
Intensität	Submaximale Schmerzgrenze

Tab. 15: Dehnung der Adduktoren (eigene Darstellung)

Bereich	Dehnung der Adduktoren
Ausführung	Der Proband sitzt auf dem Boden mit maximal gespreizten Beinen. Nun wird der Oberkörper nach vorn gekippt. Der Rücke bleibt während des gesamten Vorgangs stets gerade. Die Bewegung wird bis zur submaximalen Grenze ausgeführt und wieder gelöst. Diese Ausführung wird mehrmals in moderatem Tempo wiederholt. Die Dehnung wir 45 Sekunden lang für einen Satz dynamisch ausgeführt.
Primäre Muskulatur	M. adductor magnus M. adductor longus M. adductor brevis M. pectineus M. gracilis
Dehnmethode	Dehnform: Passiv Arbeitsweise: Dynamisch
Häufigkeit (pro Woche)	4x (nach jedem Krafttraining)
Sätze	4
Wiederholungen pro Satz	45 Sekunden pro Satz
Intensität	Submaximale Schmerzgrenze

Tab. 16: Dehnung der Wadenmuskulatur (eigene Darstellung)

Bereich	Dehnung der Wadenmuskulatur
Ausführung	Der Proband befindet sich in einem Ausfallschritt. Beide Füße sind gerade nach vorn gerichtet. Nun wird das vordere Bein gebeugt und das Knie nach vorn geschoben. Das hintere Bein bleibt gestreckt und die Ferse stets fest am Boden. Der Oberkörper ist leicht nach vorn geneigt, dass er zusammen mit dem hinteren Bein eine Linie bildet. Die Dehnung der Wadenmuskulatur wird bis zur submaximalen Belastungsgrenze ausgeführt, dort gehalten und nach 45 Sekunden gelöst.
Primäre Muskulatur	M. gastrocnemius M. soleus
Dehnmethode	Dehnform: Passiv Arbeitsweise: Statisch
Häufigkeit (pro Woche)	4x (nach jedem Krafttraining)
Sätze	4
Wiederholungen pro Satz	45 Sekunden pro Satz
Intensität	Submaximale Schmerzgrenze

3.2 Begründung der Trainingsplanung hinsichtlich der Beweglichkeit

Der Kunde äußerte im Anamnesegespräch, dass er häufig unter Verspannungen im Lendenbereich, als auch im Nacken leidet. Ebenso ergab die vorangegangene Testung, dass der Kunde Defizite in der Bewegungsamplitude von Brust- und Kniebeugemuskulatur aufweist. Um diese speziellen Bereiche zu lockern und die Bewegungsreichweite zu erweitern, wurde das oben aufgeführte Beweglichkeitstraining ausgearbeitet.

Jede Dehneinheit sollte erst im Anschluss an das Krafttraining erfolgen, da es bei einem vorangehenden Dehntraining durch den sinkenden Muskeltonus zu einer geminderten Leistung kommen kann. Weiter erwies sich laut Freiwald (2000) eine Dauer der Dehnung von 45 Sekunden sowohl beim dynamischen, als auch beim statischen Ausführen als ratsam. Um die Dehnintensität zu begründen ist eine Studie von Marschall (1999) zu erwähnen, welche belegte, dass es bei einer Dehnung an der Schmerzgrenze zu einer kurzfristig stark verbesserten Bewegungsreichweite kam. Dieses Resultat war in seiner Studie bei leichter Intensität nicht zu beobachten. Um die Serienzahl von Vier pro Übung aufzugreifen, sind die Ergebnisse von Schönthaler und Ohlendorf (2002) zu nennen. Diese sagen aus, dass eine Satzzahl von Vier als sinnvoll zu bewerten ist.

4 Trainingsplanung Koordinationstraining

Die Trainingssteuerung und Trainingsplanung ist ein wichtiges Instrument, damit ein systematischer und gezielter Ablauf des Trainings stattfinden kann. Eine gut ausgeprägte

Koordination ist essenziell für das ökonomische und präzise Ausführen von Bewegungs-
abläufen (Eifler, 2018, S. 107). Folgend wird die gezielte Planung eines Koordinations-
trainings näher aufgeführt.

4.1 Übungsauswahl

Untenstehend ist eine speziell auf den Kunden abgestimmte Übungsauswahl aufgeführt.
Der Sportler wird das folgende Training dreimal pro Woche durchführen. Jede Einheit
umfasst einen zeitlichen Rahmen von maximal 45 Minuten.

Tab. 17: Trainingsplanung Koordinationstraining (eigene Darstellung)

Übung	Ausführung	Sätze	Satzpause (in Sekunden)	Dauer der Belastung pro Satz (in Sekunden)	Art der Ausführung
1. Linienstand	Der Sportler steht im Linienstand, beide Füße zeigen nach vorne und haben Kontakt. Die Arme sind gestreckt vor dem Körper. Auf Schulterhöhe hält der Trainierende einen Ball mit beiden Händen. Der Kunde hält das Gleichgewicht.	2x linker Fuß vorne 2x rechter Fuß vorne	20	Mit 20 starten, dann so lang wie möglich halten, nach max. 40 weiter zur nächsten Übung	Statisch
2. Einbeiniger Stand	Die Person steht auf einem Bein, das andere Bein bleibt leicht vom Boden gelöst. Mit beiden Händen wird ein Ball auf Schulterhöhe vor dem Körper festgehalten. Der Kunde hält das Gleichgewicht.	2x auf dem linken Fuß 2x auf dem rechten Fuß	20	Mit 20 starten, dann so lang wie möglich halten, nach max. 40 weiter zur nächsten Übung	Statisch
3. Einbeiniger Stand mit Rotation des Oberkör-	Ausgangsposition ist der Stand auf einem Bein, das andere Bein bleibt leicht vom Boden gelöst. Mit beiden Händen wird ein Ball auf Schulterhöhe vor dem Körper gehalten. Aus dieser Position führt der Sportler dann eine gleichmäßige Rotation des Oberkörpers nach links und rechts jeweils im Wechsel durch.	2x auf dem linken Fuß 2x auf dem rechten Fuß	20	Mit 20 starten, dann so lang wie möglich ausführen, nach max. 30 weiter zur nächsten Übung	Dynamisch
4. Einbeiniger Stand mit Ball fangen, regelmä-	Der Sportler hat einen einbeinigen Stand eingenommen, das andere Bein bleibt leicht vom Boden gelöst. In dieser Position verharrend bekommt der Trainierende nun einen Ball in regelmäßigen Abständen auf Brusthöhe zugeworfen. Der Ball wird vom Kunden gefangen und zurückgeworfen.	2x auf dem linken Fuß 2x auf dem rechten Fuß	20	Mit 20 starten, dann so lang wie möglich ausführen, nach max. 30 weiter zur nächsten Übung	Dynamisch
5. Einbeiniger Stand, Ball mit unregelmäßigen Würfen fan-	Der Sportler hat einen einbeinigen Stand eingenommen, das andere Bein bleibt leicht vom Boden gelöst. In dieser Position verharrend bekommt der Trainierende nun einen Ball in unregelmäßigen zeitlichen Abständen zugeworfen. Die Wurfrichtung und -höhe variiert unregelmäßig. Der Ball wird vom Kunden gefangen und zurückgeworfen.	2x auf dem linken Fuß 2x auf dem rechten Fuß	20	Mit 20 starten, dann so lang wie möglich ausführen, nach max. 30 weiter zur nächsten Übung	Dynamisch

#	Übung	Beschreibung					Art
6.	Einbeiniger Stand auf dem Ba-	Der Sportler nimmt einen einbeinigen Stand auf dem Balance Pad ein. Das andere Bein bleibt leicht vom Boden gelöst. Mit beiden Händen wird ein Ball vor dem Körper auf Schulterhöhe gehalten. Der Kunde hält das Gleichgewicht.	2x auf dem linken Fuß 2x auf dem rechten Fuß	20		Mit 20 starten, dann so lang wie möglich halten, nach max. 40 weiter zur nächsten Übung	Statisch
7.	Einbeiniger Stand auf dem Balance Pad mit	Der Sportler nimmt einen einbeinigen Stand auf dem Balance Pad ein. Das andere Bein bleibt leicht vom Boden gelöst. In dieser Position verharrend bekommt der Trainierende nun einen Ball in regelmäßigen Abständen auf Brusthöhe zugeworfen. Der Ball wird vom Kunden gefangen und zurückgeworfen.	2x auf dem linken Fuß 2x auf dem rechten Fuß	20		Mit 20 starten, dann so lang wie möglich ausführen, nach max. 30 weiter zur nächsten Übung	Dynamisch
8.	Einbeiniger Stand auf dem Balance Pad mit Ball fangen, unregel-	Der Sportler steht mit einem Bein auf dem Balance Pad. Das andere Bein bleibt leicht vom Boden gelöst. In dieser Position verharrend bekommt der Trainierende nun einen Ball in unregelmäßigen zeitlichen Abständen zugeworfen. Die Wurfrichtung und -höhe variiert unregelmäßig. Der Ball wird vom Kunden gefangen und zurückgeworfen.	2x auf dem linken Fuß 2x auf dem rechten Fuß	20		Mit 20 starten, dann so lang wie möglich ausführen, nach max. 30 weiter zur nächsten Übung	Dynamisch
9.	Diagonalcrunch auf dem Balance Pad	Der Trainierende nimmt einen einbeinigen Stand auf dem Balance Pad ein. Das nicht belastete Bein vollzieht eine Abduktion. Der gegenüberliegende Arm nimmt eine Abduktion vor. Die Hand des arbeitenden Armes befindet sich deutlich über dem Kopf. Aus dieser Position werden nun Ellenbogen und Knie der gespreizten Gliedmaßen vor dem Körper mit einem kurzen Kontakt zusammengeführt. Anschließend kehrt der Sportler in die beschriebene Ausgangsposition zurück.	2x auf dem linken Fuß 2x auf dem rechten Fuß	20		Mit 20 starten, dann so lang wie möglich ausführen, nach max. 30 weiter zur nächsten Übung	Dynamisch
10.	Sprung auf Balance Pad, einbeinig landen	Das Balance Pad befindet sich etwa 50cm vor dem Kunden. Mit einer dynamischen Kraftentfaltung springt der Sportler auf das Balance Pad und landet einbeinig. Gelandet hält der Kunde nun rund drei Sekunde das Gleichgewicht und steigt dann wieder vom Balance Pad herab. Dieser Bewegungsablauf wird in gleicher Weise mehrmals wiederholt.	2x auf dem linken Fuß 2x auf dem rechten Fuß	20		Mit 20 starten, dann so lang wie möglich ausführen, max. 30	Dynamisch

4.2 Begründung der Trainingsplanung hinsichtlich der Koordination

Der vorgestellte Kunde äußerte in einem persönlichen Gespräch, dass er sich vor rund einem Jahr eine Außenbandruptur des rechten Sprunggelenkes zuzog. Die Verletzung ist vollkommen auskuriert, jedoch liegt seitens des Sportlers noch eine Unsicherheit in der ausgeübten Sportart vor.

Ziel des Kunden ist es, beim Handball nach einem Sprung wieder sicher, einbeinig zu landen.

Da der Kunde bereits eine grundlegende körperliche Fitness aufweist, ist es möglich, den Sportler in vollem Umfang zu trainieren. Sollte eine Übung vom Trainierenden nicht mehr korrekt ausgeführt werden, oder liegt eine starke muskuläre Ermüdung vor, wird die Praxis abgebrochen.

Der Trainierende ist bisher noch sehr unsicher bei einem einbeinigen Stand. Um ihn langsam an einen sicheren Halt zu gewöhnen wurde sich für einen Linienstand als erste Übung entschieden. Diese Art des Bodenkontaktes soll den Kunden zu einem einbeinigen Stand hinführen, da hier bereits mit beiden Beinen am Boden nur eine sehr schmale Auflagefläche vorliegt. Somit muss der Sportler bereits in dieser Übung sehr viel ausbalancieren und wird optimal auf die folgenden Übungen vorbereitet. Steht der Kunde in diesem Stand sicher, wird bereits in der folgenden Übung der Kontakt zum Boden geschmälert.

Der Sportler befindet sich nun in einem einbeinigen Stand. Sobald hier ein fester Stand über 40 Sekunden vorliegt, erfolgt eine gleichmäßige Rotation des Oberkörpers nach links und rechts im Wechsel. Auch diese Variante wird erneut intensiviert, indem nun eine weitere koordinative Übung in Form eines Ballfangens hinzukommt. Bisher wird der Kunde den Ball in zeitlich gleichen Abständen auf Brusthöhe fangen und zum Trainer zurückwerfen. Um eine weitere Steigerung des Schwierigkeitsgrades vorzunehmen, wird nun der Ball in unregelmäßigen Abstanden auf variablen Höhen geworfen, sodass der Kunde nicht antizipieren kann, wohin der Ball geworfen wird. Weist der Kunde in dieser Übung eine ausreichende Sicherheit auf, so wird ein weiteres Kleingerät in Form eines Balance Pad eingesetzt. Dieser Untergrund stellt insofern eine Steigerung des Anforderungsgrades dar, da der Sportler nun seinen einbeinigen Stand in alle Dimensionen ausgleichen muss. Ebenfalls diese statische Ausführung wird in den folgenden zwei Übungen durch regelmäßige und unregelmäßige Würfe erschwert. Die letzten zwei Erweiterungen werden hervorgerufen, in dem der Sportler auf dem Balance Pad mit angemessenem Tempo einen diagonalen Crunch durchführt und in der letzten Übung sein Ziel mit einer sicheren, einbeinigen Landung nach einem Sprung auf das Balance Pad erreicht.

Dieses methodisch-didaktische Prinzip, dass die Übungen vom Schwierigkeitsgrad zunehmend sind, lassen dem Kunden schnell Erfolgserlebnisse spüren (Chwilkowski, 2006, S. 56 f.).

Weiter ist diese Progression ist ein Grundsatz des propriozeptiven Trainings. Ebenso die Belastungsnormative wie beispielsweise die Reizdichte und die Reizdauer werden von Kempf (2014, S.17) genau definiert.

5   Literaturrecherche

Die nachstehenden Tabellen befassen sich mit den Effekten des Dehnens auf die Bewegungsreichweite bzw. auf die Dehnungsspannung.

Die folgende Studie wurde von Glück, S., Schwarz, M., Hoffmann, U. und Wydra, G. unter dem Titel „Bewegungsreichweite, Zugkraft und Muskelaktivität bei eigen- bzw. fremdregulierter Dehnung" im Jahre 2002 veröffentlicht.

Tab. 18: Effekte des Dehnens auf die Bewegungsreichweite bzw. auf die Dehnungsspannung - Studie 1 (eigene Darstellung)

Wer hat die Studie Durchgeführt?	Glück, S., Schwarz, M., Hoffmann, U., Wydra, G.
In welchem Jahr wurde die Studie publiziert?	2002

Mit welchen Versuchspersonen wurde die Studie durchgeführt?	Für die Fragestellung relevante Anzahl Personen: 27
	    Weiblich: 11
	    Männlich: 16
	
	Allgemeine Daten:
	    - Durchschnittliches Alter: 24,8 ± 1,7 Jahre
	    - Durchschnittliche Größe: 175,6 ± 7,7 cm
	    - Durchschnittliches Gewicht: 67,6 ± 9,6 kg
	
	Einschlusskriterien:
	    - Sportstudent
	    - kein Ausüben von Sportarten mit überdurchschnittlich hohen Beweglichkeitsanteilen (z.B. Turnen, Rhythmische Sportgymnastik, Akrobatik)
	
	(Glück, Schwarz, Hoffmann, & Wydra, 2002, S. 68)

Wie sah der Versuchsaufbau der Studie aus?	Über den Zeitraum von fünf Wochen wurden die Probanden in drei Gruppen eingeteilt und durchliefen drei standardisierte Testformen zur Ermittlung der Dehnfähigkeit der ischiocruralen Muskulatur in variabler Reihenfolge. Innerhalb der ersten Testwoche absolvierten die Probanden drei Dehneinheiten um sich mit der Apparatur, den Durchführungsformen (direkte Eigendehnung, indirekte Eigendehnung und indirekte Fremddehnung) sowie der individuellen maximalen Dehnung an der Schmerzgrenze vertraut zu machen. In der zweiten Woche pausierten die Probanden und begannen in der dritten Woche wieder mit der gezielten, intensiven Dehnung. Es sollte in den letzten drei Wochen je ein Test durchgeführt werden. Am unmittelbaren Vortag eines jeden Tests sollten die Probanden keine intensiven körperlichen Belastungen durchführen. Weiter war den Teilnehmern ein weiteres Beweglichkeitstraining während des Testzeitraums untersagt. Jeder Proband absolvierte vor dem Test ein spezifisches, fünfminütiges Aufwärmen auf dem Fahrradergometer mit einer definierten Intensität von 1,5 Watt/kg Körpergewicht. Die direkte Eigendehnung sah eine autonome Dehnung mit Hilfe eines Seilzugs vor. Ein Elektromotor, den die Probanden selbst steuerten, nahm bei der indirekten Eigendehnung den Dehnprozess vor. Der dritte Test, welcher in Form einer indirekten Fremddehnung durchgeführt wurde, fand mittels verbaler Rückmeldung an den Trainer statt. Die Größen „maximale Bewegungsreichweite an der

	Schmerzgrenze", „Zugkraft bei konstantem Winkel" und „Muskelaktivität des M. biceps femoris" wurden bei jedem einzelnen Test ermittelt. Beginnend mit einem Hüftflexionswinkel von 45° und einer maximalen Knieextension, führten die Probanden 15 Wiederholungen bis zur jeweiligen maximalen Dehnung und anschließendem Lösen bis zum 45° Ausgangswinkel durch. (Glück, Schwarz, Hoffmann, & Wydra, 2002, S. 68)
Welche relevanten Ergebnisse und Schlussfolgerungen liefert die Studie?	Eine Steigerung der maximalen Bewegungsreichweite um fünf Prozent lag im Vergleich der direkten Eigendehnung gegenüber der indirekten Eigendehnung und der indirekten Fremddehnung vor. Zwischen der indirekten Eigendehnung und der indirekten Fremddehnung konnte kein signifikanter Unterschied festgestellt werden. (Glück, Schwarz, Hoffmann, & Wydra, 2002, S. 69).

Möchte man nun also die Ergebnisse der oben aufgeführten Studie in die Praxis übertragen, so ist den Probanden zu einer direkten Eigendehnung zu raten. Hier konnte in den Tests eine signifikante Überlegenheit dieser Methode im Hinblick auf die maximale Bewegungsreichweite festgestellt werden.

Die nachfolgende Tabelle basiert auf den Ergebnissen der Studie „Wie beeinflussen unterschiedliche Dehnintensitäten kurzfristig die Veränderung der Bewegungsreichweite?" von Franz Marschall (1999).

Tab. 19: Effekte des Dehnens auf die Bewegungsreichweite bzw. auf die Dehnungsspannung - Studie 2 (eigene Darstellung)

Wer hat die Studie Durchgeführt?	Marschall, F.
In welchem Jahr wurde die Studie publiziert?	1999

Mit welchen Versuchspersonen wurde die Studie durchgeführt?	Für die Fragestellung relevante Anzahl Personen: 21
	    Weiblich: 9
	    Männlich: 12
	
	Allgemeine Daten:
	    - Durchschnittliches Alter: 24,8 ± 3,4 Jahre
	    - Durchschnittliche Größe: 172,9 ± 8,5 cm
	    - Durchschnittliches Gewicht: 66,6 ± 11 kg
	
	(Marschall, 1999, S. 7)

Wie sah der Versuchsaufbau der Studie aus?	Vorab bewältigten alle Probanden einen Eingangstest, in dem die anfängliche, maximale Dehnung ermittelt wurde. Im Anschluss wurden die Personen (unabhängig vom Testergebnis) in zwei Gruppen eingeteilt. Die eine Gruppe arbeitet mit einem „weichen" Dehnen, wobei die andere dem „maximalen" Dehnen als Intensität zugeordnet wird. Beide der Gruppen beginnen mit einem gezielten aufwärmen der Kniebeugemuskulatur auf dem Fahrradergometer. Hier wird einheitlich eine Belastung von 1,5 Watt/kg Körpergewicht ausgewählt. Im Anschluss wird eine standardisierte Kniegelenkbeugung durchgeführt. Für einen genauen Messwinkel wurde dieser mit Hilfe eines digitalen Drehimpulsgeber festgestellt. Die Durchführung der Dehnung erfolge auf einem von Ott und Schönthaler entwickelten Messtisch. Beide Gruppen absolvierten 15 Wiederholungen aus einer 0°-Position des Hüftgelenks. Jede Gruppe ging hier bis zur zugewiesenen Dehnintensität und hielt die maximale Dehnung für eine kurze Zeit von weniger als zwei Sekunden. Die Erhöhung des Dehnwinkels erhöhte sich elektronisch um 1,5 Grad/Sekunde. Die Testreihe endete mit einer erneuten Messung der maximalen Dehnung jedes Probanden. (Marschall, 1999, S. 7)
Welche relevanten Ergebnisse und Schlussfolgerungen liefert die Studie?	Beide Dehnmethoden wiesen eine messbare kurzfristige Veränderung der maximalen Dehnung der Kniebeugemuskulatur auf. Differenziert betrachtet ergab sich bei der Intensität des „weichen Dehnen" eine Verbesserung um durchschnittlich 3,29 Grad ± 4,53 Grad. Beim Dehnen an der Schmerzgrenze war eine kurzfristige Verbesserung von durchschnittlich 7,24 Grad ± 4,19 Grad zu verzeichnen. (Marschall, 1999, S. 7)

Zusammenfassend lässt sich für diese Studie sagen, dass beide Dehnmethoden sich positiv auf die Beweglichkeit auswirken. Das Dehnen an der maximalen Schmerzgrenze ist jedoch im Test signifikant erfolgreicher in Bezug auf eine positive Veränderung der maximalen Beweglichkeit.

6 Literaturverzeichnis

Chwilkowski, C. (2006). Medizinisches Koordinationstraining. *Verbesserung der Haltungs- und Bewegungskoordination durch Propriozeption* (2. Aufl.). Köln: Deutscher Trainer-Verlag.

Eifler, C. (2018). *Studienbrief Trainingslehre III.* (Rev. 19.025.000). Saarbrücken: Deutsche Hochschule für Prävention und Gesundheitsmanagement.

Freiwald, J. (2000). Dehnen im Sport und in der Therapie. *Die Säule, 4* (1), 28-33.

Glück, S., Schwarz, M., Hoffmann, U. & Wydra, G. (2002). Bewegungsreichweite, Zugkraft und Muskelaktivität bei eigen- bzw. fremdregulierter Dehnung. *Deutsche Zeitschrift für Sportmedizin, 3* (3), 66-71.

Janda, V. (2000). *Manuelle Muskelfunktionsdiagnostik* (4. Aufl.). München: Urban & Fischer.

Kempf, H.-D. (2014). *Funktionelles Training mit Hand- und Kleingeräten.* Berlin Heidelberg: Springer.

Marschall, F. (1999). Wie beeinflussen unterschiedliche Dehnintensitäten kurzfristig die Veränderung der Bewegungsreichweite? *Deutsche Zeitschrift für Sportmedizin, 50* (1), 5-9.

Martin, D., Carl, K. & Lehnertz, K. (1993). *Handbuch Trainingslehre* (2. Aufl.). Schorndorf: Hofmann.

Schönthaler, S. R. & Ohlendorf, K. (2002). *Biomechanische und neurophysiologische Veränderungen nach ein- und mehrfach seriellem passiv-statischem Beweglichkeitstraining* (Wissenschaftliche Berichte und Materialien / Bundesinstitut für Sportwissenschaft, 1. Aufl.). Köln: Sport und Buch Strauß.

7   Tabellenverzeichnis

Tab. 1: Allgemeine und biometrische Daten des Kunden (eigene Darstellung) 3

Tab. 2: Manuelle Beweglichkeitstestung des M. pectoralis major (eigene Darstellung) . 4

Tab. 3: Manuelle Beweglichkeitstestung des M. iliopsoas (eigene Darstellung)............. 4

Tab. 4: Manuelle Beweglichkeitstestung des M. rectus femoris (eigene Darstellung) 5

Tab. 5: Manuelle Beweglichkeitstestung der Mm. ischiocrurales (eigene Darstellung).. 5

Tab. 6: Manuelle Beweglichkeitstestung der Mm. triceps surae (eigene Darstellung).... 5

Tab. 7: Dehnung der Brustmuskulatur (eigene Darstellung).. 6

Tab. 8: Dehnung der Nackenmuskulatur (eigene Darstellung) 6

Tab. 9: Dehnung der Schulterblattfixatoren (eigene Darstellung) 7

Tab. 10: Dehnung der rückseitigen Oberarmmuskulatur (eigene Darstellung)............... 7

Tab. 11: Dehnung der geraden Bauchmuskulatur (eigene Darstellung) 8

Tab. 12: Dehnung der Rückenstrecker (eigene Darstellung) 8

Tab. 13: Dehnung der vorderseitigen Oberschenkelmuskulatur (eigene Darstellung) 9

Tab. 14: Dehnung der rückseitigen Oberschenkelmuskulatur (eigene Darstellung)........ 9

Tab. 15: Dehnung der Adduktoren (eigene Darstellung) 9

Tab. 16: Dehnung der Wadenmuskulatur (eigene Darstellung)...................................... 10

Tab. 17: Trainingsplanung Koordinationstraining (eigene Darstellung) 11

Tab. 18: Effekte des Dehnens auf die Bewegungsreichweite bzw. auf die
Dehnungsspannung - Studie 1 (eigene Darstellung) 14

Tab. 19: Effekte des Dehnens auf die Bewegungsreichweite bzw. auf die
Dehnungsspannung - Studie 2 (eigene Darstellung) 16

BEI GRIN MACHT SICH IHR WISSEN BEZAHLT

- Wir veröffentlichen Ihre Hausarbeit,
  Bachelor- und Masterarbeit

- Ihr eigenes eBook und Buch -
  weltweit in allen wichtigen Shops

- Verdienen Sie an jedem Verkauf

Jetzt bei www.GRIN.com hochladen und kostenlos publizieren